Julie cuisine avec 3 fois rien

Julie cuisine avec 3 fois rien

Julie Andrieu

Julie cuisine avec 3 fois rien

Albin Michel

Directeur de collection
Claude Lebey

Directrice d'ouvrage
Lise Boëll

Merci à :
Claude Lebey pour continuer de me « supporter », Brigitte et papa pour leurs recettes et leur générosité, cousino pour notre ping-pong d'idées gourmandes, Odette pour sa belle humeur, Alain Ducasse pour ses conseils que je n'écoute pas assez, Gwenaëlle pour son humour et sa loyauté, Ursula pour ses tours de mains que je ne choperai jamais, Sylvaine pour sa vigilance salutaire, Léo et Nima pour leur gourmandise et leur curiosité, Brigitte Huault Delannoy (TF1) ainsi qu'à l'équipe de notre parrain Whirlpool, sans qui « Julie cuisine » n'aurait peut-être pas vu le jour, les copines pour continuer de subir avec le sourire mes expériences culinaires, Julie Ceresne pour son attention et son soutien et maman pour continuer de me nourrir de sa douceur.

La modestie des moyens, qu'ils soient alimentaires ou techniques, a toujours été source de dépassement et de créativité.

Ma plus grande émotion gustative fut certainement à l'occasion du premier voyage que j'ai effectué au Liban. Guidée par des gens d'une rare bonté, je découvrais une cuisine de montagne, construite autour des produits de la « mouné », cette tradition très ancienne de conservation des ingrédients au fil des saisons. Des légumes et des fruits – frais ou secs – deux ou trois variétés de graines, une poignée d'épices, des herbes sauvages… et la messe est dite. Ces quelques produits du sol se trouvaient mêlés en mille combinaisons, plus pertinentes et singulières les unes que les autres. De la même façon, l'Espagne a réussi à nourrir tout un peuple pendant des siècles avec 4 produits (ail, tomate, porc et huile d'olive).

J'ai toujours été attirée par les cuisines paysannes, élémentaires, voire les cuisines de pénurie. Plus que dans un ensemble de règles théoriques, de codes gastronomiques, d'alchimies établies, la cuisine familiale trouve son fondement dans le bon sens, l'économie et l'instinct. J'ai tendance à trouver cela plus méritant que de bluffer à coups de poissons de ligne, de viandes tendres et de produits nobles.

C'est à cette cuisine-là que j'aime me frotter. Je confesse être rarement confrontée à la pénurie dans mes montagnes du VIIIe arrondissement. En revanche, je prends un malin plaisir à cuisiner sans être allé faire les courses, conjuguant ce qu'il me reste dans mes placards, dans mon réfrigérateur et dans mon congélateur. C'est sans doute une façon de justifier à la fois ma paresse et mes envolées ludiques : boulettes de pot-au-feu, galette de pâtes, risotto au fond de bouteille de champagne, tatin d'ananas au sirop, etc. Une drôle d'idée dites-vous ? J'avais ça sous la main, mais goûtez donc pour voir…

Julie Andrieu

Sommaire

B.A.-Ba

A grignoter

Salé

Sucré

B.A.-Ba

POUR 1 BOL PRÉPARATION : 5 MIN • CUISSON : 7 MIN

Réussir une béchamel

- 30 g de beurre
- 30 g de farine
- 30 cl de lait entier
- Noix de muscade râpée
- Sel et poivre du moulin

Une sauce délicate mais élémentaire qui semble appartenir à l'ère glaciaire de la cuisine. Elle fait pourtant partie de la grammaire essentielle sans laquelle il est difficile de pouvoir s'exprimer aux fourneaux. Pour vous éviter la terrible menace du grumeau, j'ai une solution : le micro-ondes. In-fa-illible.

1 Mettez le beurre dans un récipient adapté au micro-ondes, couvrez et faites cuire 1 minute à 750 watts.

2 Ajoutez la farine d'un coup en remuant pour mélanger, versez le lait et remuez de nouveau.

3 Faites cuire de nouveau au micro-ondes, cette fois-ci à découvert, pendant 6 minutes. Saupoudrez de noix de muscade, salez et poivrez en mélangeant au fouet.

astuces

- *En ajoutant du fromage râpé à votre béchamel, vous obtiendrez une sauce Mornay.*
- *Pour une béchamel allégée et parfumée, remplacez le lait par du bouillon (viande ou poisson).*

POUR 1 POT

PRÉPARATION : 5 MIN • CUISSON : 3 X 3 MIN

- 3 têtes d'ail
- 1 ou 2 cuil. à soupe de crème liquide

Confit d'ail

Une recette à conserver précieusement pour ceux de vos amis qui craignent le parfum corsé et persistant de l'ail. A glisser sans retenue dans les gratins, soupes ou vinaigrettes (la salade César ne peut s'en passer !).

1 Faites chauffer une casserole d'eau. Séparez les gousses d'ail et plongez-les en chemise (avec la peau) dans l'eau bouillante. Faites-les cuire pendant 3 minutes. Egouttez-les et rafraîchissez-les en les plongeant dans un bol d'eau froide.

2 Renouvelez l'opération 3 fois en changeant l'eau de cuisson à chaque fois puis épluchez les gousses d'ail.

3 Placez les gousses égouttées dans le bol du mixeur. Mixez jusqu'à l'obtention d'une purée homogène en ajoutant 1 ou 2 cuillerées à soupe de crème, selon la consistance souhaitée.

4 Servez tout de suite ou conservez jusqu'à 1 mois au réfrigérateur, couvert d'une légère couche d'huile.

POUR 1 BOL PRÉPARATION : 10 MIN

- 1 jaune d'œuf extra-frais
- 20 cl d'huile de pépins de raisin
- 1 cuil. à soupe de moutarde
- 1 cuil. à soupe de vinaigre blanc
- 1 pincée de sel

Réussir une mayonnaise

Une étude très sérieuse a démontré récemment que trois Français sur quatre n'avaient jamais tenté de faire une mayonnaise. Heureusement, l'enquête ne nous apprend pas combien ils sont à ne pas savoir comment elle se prépare. La réussite d'une mayonnaise relève d'une alchimie de gestes et de petits détails qui suffisent à assurer le succès aux plus néophytes d'entre nous. Suivez le guide !

1 Au préalable, sortez tous les ingrédients afin qu'ils soient à température ambiante. Posez le bol sur un torchon mouillé plié en 4 pour éviter qu'il ne bouge.

2 Mélangez le jaune d'œuf et la moutarde dans le bol puis attendez quelques instants. Ce temps de pause permet à la moutarde de cuire le jaune. Ajoutez ensuite le sel. Fouettez le tout lentement, puis versez l'huile en filet sans cesser de fouetter.

3 Pour qu'elle reste bien souple (ou pour rafraîchir une mayonnaise de la veille), ajoutez le vinaigre bouillant en fin de préparation (ou 1/2 blanc d'œuf en neige).

4 Aromatisez votre mayonnaise en utilisant des huiles parfumées ou en ajoutant des herbes fraîches et/ou des épices. Par exemple, une goutte d'huile à l'ail et au piment.

astuces

• Si on a ajouté trop d'huile en une fois, la mayonnaise ne prend pas ou tourne. Ajoutez un peu d'eau chaude ou un jaune d'œuf en battant vigoureusement. Si elle ne monte toujours pas, ajoutez une cuillerée à café de fromage blanc à 20 %.

• Une mayonnaise préparée à l'huile d'olive « monte » moins facilement qu'avec une huile de pépins de raisin, qui ne fige pas.

POUR 6 PERSONNES
PRÉPARATION : 10 MIN • CUISSON : 10 À 15 MIN

- 75 cl de lait entier
- 6 jaunes d'œufs
- 100 g de sucre en poudre
- 1 gousse de vanille
- 1 pincée de sel

Réussir une crème anglaise

Même ceux qui prétendent ne pas savoir faire cuire un œuf se doivent de maîtriser quelques recettes essentielles, parmi lesquelles celle de la crème anglaise. La différence entre une crème anglaise maison et une crème industrielle est trop grande pour que vous priviez votre petite famille de ce plaisir. Attention ! Comme pour toutes les recettes élémentaires, rien ne compte davantage que la qualité des ingrédients utilisés.

1 Fendez la gousse de vanille en 2 dans le sens de la longueur. Ouvrez-la et grattez les grains avec la lame d'un couteau. Dans une casserole, portez le lait à ébullition et ajoutez-y la gousse de vanille ainsi que le sel. Retirez la casserole du feu et laissez infuser quelques instants.

2 Pendant ce temps, dans un saladier, battez les jaunes d'œufs et le sucre jusqu'à ce que le mélange blanchisse.

3 Retirez la gousse de vanille puis versez le lait en filet dans le saladier en fouettant énergiquement. Transvasez aussitôt ce mélange dans la casserole et faites épaissir à feu doux sans cesser de remuer à l'aide d'une cuillère en bois pendant 10 à 15 minutes. La préparation ne doit surtout pas bouillir.

4 Pour vérifier la cuisson, passez votre doigt sur le dos de la cuillère. Si la trace s'imprime et reste, c'est bon. Si elle disparaît, c'est que la crème n'est pas assez cuite. Lorsque la crème nappe la cuillère, elle est prête, retirez-la du feu et laissez-la refroidir. Remuez pour éviter la formation d'une peau.

astuces

- Si, malgré vos précautions, la crème présente des grumeaux, passez-la quelques secondes au mixeur, à la fin de la cuisson.
- Vous pouvez remplacer la gousse de vanille par 2 sachets de sucre vanillé (n'utilisez alors que 80 g de sucre en poudre).

POUR 4 À 6 PERSONNES PRÉPARATION : 25 À 30 MIN • REPOS : 5 H MINIMUM AU FRAIS

- 1/2 litre de lait entier
- 80 g de sucre en poudre
- 4 jaunes d'œufs
- 15 cl de crème liquide
- 1 gousse de vanille
- 1 cuil. à soupe de praliné en poudre
- 1 cuil. à soupe d'huile d'olive

Glace maison

J'ai toujours rêvé de préparer ma glace moi-même. Le problème, c'est que je ne me suis jamais décidée à investir dans une sorbetière. Trop encombrant. Du coup, j'ai mis au point une recette qui me permet de faire de la glace « maison » en mettant au congélo une sorte de crème anglaise, un peu moins sucrée, enrichie en chantilly. Une fois la base réalisée, vous pourrez y ajouter ce que votre palais vous suggère. Moi, j'ai un faible pour un mariage insolite : huile d'olive et praliné, que Françoise, l'ex-chef pâtissière de l'Abbaye de la Celle, m'a enseigné. Une seule consigne : n'incorporer l'huile qu'à la dernière minute pour éviter que le froid ne bloque son parfum.*

1 Versez la crème dans un grand bol et placez-le au congélateur pendant 15 à 20 minutes maximum.

2 Placez les jaunes d'œufs dans un saladier. Portez le lait à ébullition avec le sucre et la gousse de vanille ouverte et grattée. Versez le lait bouillant sur les jaunes d'œufs en fouettant énergiquement. Laissez refroidir.

3 Sortez le bol de crème du congélateur et montez la crème en chantilly à l'aide d'un batteur électrique en augmentant progressivement la puissance. Incorporez-la à la préparation. Mélangez de nouveau pour obtenir une consistance homogène.

4 Versez dans un récipient hermétique, couvrez et placez au congélateur pendant 5 heures. Fouettez et replacez 15 minutes au congélateur ou 2 heures au réfrigérateur.

5 Ajoutez l'huile d'olive et le praliné, fouettez la glace de nouveau et servez.

conseil

Vous pouvez également rouler les boules de glace dans des spéculoos finement concassés, ajouter des raisins macérés au rhum ou des griottes au sirop.

* L'Hostellerie de l'Abbaye de la Celle, Place du Général de Gaulle, 83170 La Celle

A grignoter

POUR 4 PERSONNES

PRÉPARATION : 20 MIN • CUISSON : 2 MIN

- 250 g de chair de crabe fraîche ou en conserve
- 100 g de chapelure + 1 cuil. à soupe
- 1 cuil. à café de jus de citron
- 1 cuil. à café de pâte d'anchois
- 1/2 cuil. à café de paprika
- 1 petit œuf
- 1 cuil. à soupe de mayonnaise
- 1 cuil. à soupe de moutarde douce
- 1 cuil. à soupe de Worcestershire sauce
- 20 cl d'huile neutre
- Poivre du moulin

Crab cakes

S'il est une recette qui ne demande pas beaucoup d'efforts, c'est bien celle des boulettes de crabe, les « crab cakes » comme disent les Américains, qui les ont hissées au rang de plat national. A défaut de cuire vous-même la bête, tâchez d'investir dans une bonne marque de crabe en boîte ou surgelé.

1 Dans un saladier, versez la mayonnaise, la chapelure, la moutarde et l'œuf. Ajoutez le paprika, la pâte d'anchois, le jus de citron et la Worcestershire sauce. Poivrez et mélangez à l'aide d'un fouet.

2 S'il est en conserve, égouttez le crabe à fond entre vos mains avant de l'ajouter à la préparation, réservez environ 2 cuillerées à soupe de jus de crabe. Mélangez.

3 Dans une grande poêle profonde, faites chauffer l'huile à feu assez vif (elle doit être chaude mais pas fumante). Façonnez 8 boulettes dans vos mains et roulez-les dans la chapelure.

4 Aplatissez-les légèrement puis faites-les cuire 1 minute environ de chaque côté. Egouttez-les sur du papier absorbant.

5 Servez bien chaud avec des quartiers de citron et une sauce cocktail maison faite de mayonnaise fouettée avec du paprika, du jus de citron et un peu du jus de crabe.

conseils

- *Vous pouvez remplacer le paprika par 1 cuillerée à soupe de ketchup.*
- *Pour accentuer la saveur des crab cakes, ajoutez 2 brins de persil hachés à la pâte.*

CF

POUR 4 PERSONNES

PRÉPARATION : 20 MIN • CUISSON : 5 MIN

Salade de ravioles croquantes

- 4 endives
- 200 g de ravioles de Royan
- 1 cuil. à soupe rase de sucre en poudre
- Un peu de farine
- 50 g de fourme d'Ambert bien froide
- 1 poignée de cerneaux de noix
- 4 brins de cerfeuil
- 2 cuil. à soupe d'huile d'olive
- 30 cl d'huile de pépins de raisin
- 2 cuil. à soupe de vinaigre blanc
- Sel et poivre du moulin

Qu'elles soient originaires de Romans ou de Royan, les ravioles se prêtent à toutes les envies : juste pochées dans un bouillon clair, cuites à l'eau salée comme des pâtes et enrobées d'un trait de crème muscadée ou encore sautées à l'huile d'olive comme des petits légumes de saison, à grignoter à l'apéritif avec les doigts ou à jeter sur une salade croquante comme le fait ma copine Lili.

1 Nettoyez les endives avec un linge humide et retirez l'intérieur du pied en creusant un cône dans sa base à l'aide d'un petit couteau. Coupez chaque endive en 2 puis émincez-les en lanières fines dans le sens de la longueur.

2 Faites chauffer 1 cuillerée à soupe d'huile d'olive dans une sauteuse, ajoutez 1 cuillerée à soupe de vinaigre et le sucre. Ajoutez les endives et faites-les dorer 5 minutes à feu assez vif. Elles doivent rester croquantes.

3 Egouttez-les si nécessaire, puis placez-les dans un saladier. Arrosez avec le reste d'huile d'olive et de vinaigre. Salez, poivrez, mélangez et réservez.

4 Faites chauffer l'huile de pépins de raisin dans une sauteuse. Détachez les ravioles les unes des autres, farinez-les légèrement et faites-les frire dans l'huile quelques secondes, jusqu'à ce qu'elles soient dorées. Retirez-les avec une écumoire. Egouttez-les sur du papier absorbant puis déposez-les sur les endives.

5 Décorez avec des pluches de cerfeuil, les noix concassées et la fourme d'Ambert détaillée en copeaux à l'aide d'un couteau Econome ou en filaments à l'aide d'un zesteur à agrumes. Servez immédiatement.

conseil

Ne coupez le cerfeuil qu'au dernier moment car il a tendance à noircir très vite.

POUR 2 PERSONNES

PRÉPARATION : 20 MIN • CUISSON : 10 MIN

Galette de lentilles et légumes croquants à la verveine

- 250 g de lentilles cuites à la vapeur
- 100 g d'un mélange de chou et carottes en sachet
- 1 petit oignon frais ou 2 cébettes
- 2 cuil. à soupe de graines de sésame
- 1/2 cuil. à café de curry ou de curcuma
- 8 feuilles de verveine fraîche
- 1 cuil. à soupe de sauce soja
- 50 g de chapelure
- 1 pointe de couteau de piment d'Espelette
- 4 cuil. à soupe d'huile de colza
- Sel et poivre du moulin

Quand je suis toute seule et que je n'ai pas envie de cuisiner de la viande ou du poisson, j'en profite pour me préparer des recettes un peu bizarres, genre « diétético-macrobio ». Dans ce cas, les légumes secs sont de précieux alliés : riches en protéines végétales, ils contiennent des glucides lents et des fibres qui retardent le retour de la faim et donnent du tonus. Qui a dit qu'il fallait à tout prix aller au marché pour manger sain ?

1 Versez les lentilles dans un saladier et écrasez-les grossièrement à l'aide d'une fourchette ou d'un presse-purée. Faites dorer les graines de sésame à sec, dans une poêle sans matière grasse.

2 Emincez finement l'oignon. Coupez grossièrement les crudités. Versez 2 cuillerées à soupe d'huile sur les graines, ajoutez l'oignon, les crudités et faites fondre le tout pendant 30 secondes.

3 Arrosez de sauce soja, saupoudrez de curry et de piment et retirez du feu. Versez sur les lentilles. Ajoutez 1 cuillerée à soupe de chapelure et la verveine finement ciselée. Salez, poivrez et mélangez bien.

4 Façonnez 4 galettes dans vos mains et passez-les dans le reste de chapelure. Faites chauffer le reste de l'huile dans la poêle et faites dorer les galettes environ 5 minutes de chaque côté.

5 Servez accompagné d'une salade de chou et carottes, légèrement assaisonné au citron, à l'huile de sésame et à l'huile de colza.

conseil

Si vous n'avez pas de verveine, vous pouvez réaliser la recette avec des feuilles de menthe.

POUR 4 PERSONNES PRÉPARATION : 25 MIN • CUISSON : 25 MIN

- 4 carrés de pâte feuilletée
- 1 camembert pas trop fait
- 4 cuil. à soupe de compote de pommes sans sucre ajouté
- 20 g de cerneaux de noix
- 2 jaunes d'œufs
- Poivre du moulin

Chaussons aux pommes et au camembert

Le problème, c'est que, même lorsque je n'ai pas très faim, je ne résiste pas au plaisir de tester une recette. Disons que je m'utilise comme cobaye et cela me permet de mettre en pratique toutes les idées qui fusent dans mon esprit chaque jour. Ainsi, il y a quelques mois, j'ai imaginé un chausson typiquement normand, mariant pommes cuites, noix et camembert. Moi je le voyais comme ça…

1 Préchauffez le four à 170 °C (th. 5-6). Etalez les carrés de pâte feuilletée sur le plan de travail. Recouvrez d'1 cuillerée à soupe de compote la moitié de chaque carré (en suivant la diagonale) en laissant 2 cm vierges sur les bords.

2 Coupez le fromage en 4 et retirez-en la croûte. Déposez 1 quartier de camembert sur chaque morceau de pâte, sur la compote. Ajoutez quelques cerneaux de noix tout autour du camembert et poivrez.

3 Battez légèrement les jaunes d'œufs et badigeonnez-en les bords de la pâte. Refermez en triangle en soudant bien les bords, puis badigeonnez l'extérieur des chaussons du reste de jaune d'œuf.

4 Placez les papiers de cuisson sur une grille, déposez les chaussons, enfournez au milieu du four et laissez cuire pendant 25 minutes.

conseil

Si la compote est un peu trop humide, saupoudrez de poudre d'amandes la surface de la pâte.

POUR 4 PERSONNES PRÉPARATION : 30 MIN • CUISSON : 30 À 40 MIN

- 1 kg de pommes de terre charlottes
- 1 cuil. à café de paprika
- 2 cuil. à soupe d'huile d'olive
- Fleur de sel

Frites au four

Qui a dit que les frites n'étaient pas diététiquement correctes ? Au regard de leur valeur énergétique et des minéraux qu'elles contiennent, les pommes de terre sont reconnues par les diététiciens comme étant un aliment très équilibré, à plus forte raison si elles sont consommées jeunes et avec leur peau. Alors, arrosées d'un filet d'huile d'olive et cuites au four, voilà bien de quoi faire pâlir les légumes les plus verts !

1 Préchauffez le four à 210 °C (th. 7). Lavez les pommes de terre et brossez-les sous l'eau. Séchez-les à fond dans un torchon.

2 Coupez-les en 2 dans la longueur, puis en lamelles de 2 cm de large. Séchez-les de nouveau à fond (pour éviter qu'elles ne se collent) mais ne les lavez pas, car l'amidon va créer une croûte qui va les rendre plus croustillantes.

3 Placez-les dans un grand saladier, arrosez d'huile et saupoudrez de sel et de paprika. Remuez bien avec vos mains.

4 Etalez les frites sur la plaque du four, enfournez et faites cuire pendant 30 à 40 minutes. Retournez-les en cours de cuisson.

5 Retirez-les quand elles sont bien dorées et croustillantes. Ajoutez un peu de sel et servez immédiatement.

conseils

• Vous pouvez aussi ajouter du thym séché et de l'ail pilé.
• Utilisez des pommes de terre à chair ferme (type charlotte), contrairement aux frites traditionnelles qui se font avec des pommes de terre farineuses (type bintje).
• Si vous voulez les conserver au chaud sans qu'elles ramollissent, badigeonnez les frites avec 2 jaunes d'œufs battus et remettez-les au four. En séchant, l'œuf va créer une sorte de film protecteur.

POUR 4 PERSONNES

PRÉPARATION : 10 MIN • CUISSON : 4 MIN

- 250 g de ricotta bien égouttée
- 1 cuil. à soupe de farine
- 2 cuil. à soupe de parmesan râpé
- 1 cuil. à soupe de persil plat
- 1 œuf
- Un peu de chapelure
- Un peu d'huile d'olive
- Sel et poivre blanc

Croquettes de ricotta

Je tiens de ma copine Ursula un bataillon de recettes à base de ricotta, ce fromage frais italien qui s'utilise pour les plats salés comme en pâtisserie. J'apprécie particulièrement ses croquettes de ricotta, la meilleure façon, selon elle, de mettre en valeur la finesse de ce fromage. Si la préparation vous paraît un peu liquide, ne vous affolez pas, ces « croquettes » doivent rester très moelleuses. Par expérience, je vous conseille de jeter des cuillerées de préparation directement dans la chapelure plutôt que de vous exténuer à les prendre à la main. Elles seront plus faciles à attraper et à façonner une fois enrobées.

1 Lavez, séchez, ciselez le persil et battez l'œuf. Dans un grand saladier, mélangez-les avec le parmesan, la ricotta et la farine.

2 Salez, poivrez et façonnez des petites galettes entre vos mains. Elles doivent être très souples, c'est ce qui fait tout l'intérêt de la recette mais aussi toute sa difficulté.

3 Passez-les dans la chapelure et poêlez-les dans l'huile d'olive, à feu moyen, 2 minutes de chaque côté. Egouttez-les sur du papier absorbant.

4 Servez sur un lit de roquette préalablement arrosée d'un filet d'huile d'olive et de quelques gouttes de vinaigre balsamique.

conseil

Vous pouvez remplacer le persil par de la ciboulette, du basilic ou du thym.

POUR 110 G DE FROMAGE ET 3 TARTINES

PRÉPARATION : 10 À 35 MIN • CUISSON : 5 MIN

Pour le fromage

- 1 l de lait entier (cru ou pasteurisé mais pas UHT)
- 10 cl de vinaigre de vin blanc (ou de vinaigre d'alcool)
- 1 cuil. à soupe rase de gros sel

Pour les tartines

- 3 fines tranches de pain de campagne au seigle ou aux céréales
- 1 cuil. à soupe de miel liquide
- Poivre du moulin

Tartines de fromage frais maison au miel

Savez-vous où vous procurer le meilleur fromage frais ? Chez vous ! Eh oui, la meilleure façon de garantir la qualité de votre fromage, c'est de le préparer vous-même, surtout si vous avez des amateurs juniors auxquels vous voulez éviter de donner des produits bourrés de conservateurs. N'hésitez pas à remplacer le lait de vache par du lait de chèvre ou de brebis, plus digeste et moins riche en cholestérol.

1 Versez le lait dans une casserole et portez-le à ébullition. Dès qu'il commence à bouillir, coupez le feu, ajoutez le sel et le vinaigre.

2 Laissez reposer 5 minutes pour que le petit-lait se sépare du fromage (les protéines du lait, autrement appelées « caséine ») et égouttez dans une passoire couverte d'un linge très fin ou d'un filtre à café pendant 5 à 30 minutes.

3 Toastez légèrement les tranches de pain, étalez le fromage sans trop le tartiner pour garder sa texture granuleuse et arrosez d'un peu de miel en plongeant une fourchette dans le pot et en laissant des filaments tomber sur le fromage. Poivrez légèrement.

conseils

- *Personnellement, j'égoutte le fromage au travers d'un mouchoir en tissu pendant 5 minutes, pas plus, je le presse légèrement pour en extraire le maximum d'eau et le mouler à la fois, mais vous pouvez laisser le fromage s'égoutter plus longtemps selon la texture et la densité désirées.*
- *Servez tel quel ou fouetté avec des herbes, de l'ail et de l'huile, ou encore poêlé dans un peu d'huile.*

POUR 1 PLAQUE

PRÉPARATION : 10 MIN • CUISSON : 15 À 25 MIN

- 200 g d'amandes effilées
- 400 g de sucre en poudre

Nougatine aux amandes

Pour réjouir les enfants sans avoir besoin de faire le plein au marché, pourquoi ne pas confectionner des plaques de nougatine aux amandes ? Attention à bien veiller sur eux pendant la cuisson pour éviter qu'ils ne plongent leurs doigts dans le caramel bouillant. En revanche, n'hésitez pas à les solliciter une fois la nougatine étalée pour casser la plaque en mille morceaux. Eclats de rire à croquer.

1 Faites chauffer le four à 180 °C (th. 6). Etalez les amandes sur une plaque, enfournez et faites-les dorer pendant 10 minutes. Surveillez-les régulièrement pour qu'elles ne brunissent pas. Sortez-les du four quand elles ont blondi.

2 Pendant ce temps, préparez le caramel. Pour cela, faites fondre le sucre dans une casserole à fond épais, à feu moyen et constant, avec 2 cuillerées à soupe d'eau. Ne remuez que lorsqu'il a complètement fondu (sinon, cela ferait des grumeaux).

3 Lorsque le sucre devient caramel et prend une belle couleur dorée, ajoutez les amandes effilées. Remuez avec une spatule en bois pour bien enrober les amandes de caramel.

4 Etalez immédiatement sur une feuille de papier sulfurisé, de préférence, ou sur une surface plane huilée. Couvrez avec une autre feuille de papier et étalez au rouleau sur une épaisseur de 3 mm environ.

5 Décollez le papier du dessus et laissez refroidir. Cassez en morceaux quand la nougatine a durci. Servez avec le café, ou grignotez à tout moment de la journée…

POUR 3 GRANDES TUILES

PRÉPARATION : 15 MIN • CUISSON : 8 À 10 MIN

- 40 g d'amandes effilées
- 30 g de farine
- 100 g de beurre
- 80 g de sucre en poudre
- 5 blancs d'œufs
- 1 cuil. à soupe de graines de pavot

Utiliser un reste de blancs d'œufs : tuiles

Réussir vos propres tuiles à coup sûr, ça vous tente ? Voici les proportions de base, que vous pouvez ensuite agrémenter des épices, fruits secs ou graines de votre choix. Et pour changer du rouleau à pâtisserie, essayez de les mouler dans des ramequins pour en faire des petits paniers à fruits. Effet garanti.

1 Préchauffez le four à 180 °C (th. 6). Etalez les amandes sur une plaque et enfournez pendant le préchauffage jusqu'à ce qu'elles soient dorées. Faites fondre le beurre dans une petite casserole et laissez-le colorer jusqu'à ce qu'il soit bien blond et cesse de crépiter.

2 Dans un saladier, mélangez la farine et le sucre à l'aide d'un fouet. Battez les blancs d'œufs à la fourchette jusqu'à ce qu'ils soient légèrement mousseux. Versez-les en 2 fois dans le saladier en mélangeant à chaque fois pour éviter la formation de grumeaux. Ajoutez le beurre fondu et mélangez soigneusement, jusqu'à ce que la préparation soit homogène.

3 Beurrez légèrement la plaque du four. Déposez 3 cuillerées à soupe de pâte sur la plaque, bien espacées les unes des autres. Etalez la pâte à l'aide d'une spatule souple pour que les tuiles soient bien fines. Parsemez des amandes effilées et des graines de pavot.

4 Enfournez et laissez cuire jusqu'à ce que les bords soient bien dorés (8 à 10 minutes). Retirez la plaque du four. Décollez immédiatement les tuiles à l'aide d'une spatule fine et déposez-les sur un rouleau à pâtisserie ou une bouteille pour leur donner une forme arrondie.

astuce

Pour former des petits paniers, déposez les tuiles dans des ramequins ou des petits bols dès la sortie du four. Garnissez-les ensuite d'une salade de fruits (poire, pomme, grenade, fruit de la Passion...).

Salé

POUR 2 PERSONNES

PRÉPARATION : 10 MIN • CUISSON : 5 À 7 MIN

- 2 tranches de pain de campagne
- 100 g de cheddar
- 1/2 canette de bière blonde (15 cl environ)
- 1/2 cuil. à soupe de Maïzena
- 1 cuil. à café rase de moutarde douce (au miel ou aux fruits)
- 2 pincées de carvi

Welsh Rarebit au carvi

Appelé aussi fondue galloise, le Welsh est l'un des plats emblématiques de la Grande-Bretagne... et du Café de Flore où nous avons nos habitudes avec mes meilleures copines. Je crois d'ailleurs que dès que la sublime Gwenaëlle passe la porte, les cuisiniers s'activent pour assurer le « supplément cheddar » qu'elle ne manque pas de commander. La tradition veut qu'elle termine son repas avec un café viennois. A voir sa ligne, on serait tous tentés d'adopter son « régime » ! La tradition a ses raisons, que la raison...

1 Préchauffez le four à 240 °C (th. 8). Mélangez la bière et le carvi dans une casserole et laissez réduire de moitié à feu doux. Toastez légèrement les tranches de pain.

2 Râpez le cheddar et faites-le fondre dans la bière, ajoutez la moutarde, la Maïzena et mélangez.

3 Disposez les tranches de pain dans des plats individuels. Recouvrez de crème au fromage et faites cuire pendant 5 à 7 minutes dans le haut du four. Servez sans attendre.

conseils

- *Si vous appréciez son amertume, utilisez de la bière brune plutôt que de la blonde.*
- *Vous pouvez également remplacer le cheddar par du gouda ou du cantal jeune.*

POUR 4 PERSONNES

PRÉPARATION : 2 MIN • CUISSON : 2 MIN 30

- 4 œufs
- 300 g de ratatouille
- 40 g de parmesan râpé
- Poivre du moulin

Utiliser un reste de ratatouille : œufs cocotte à la ratatouille

L'œuf cocotte est la recette idéale pour utiliser toutes sortes de restes : sauce tomate, champignons, pistou, herbes, jambon, pâtés ou foie gras... Il suffit de disposer les ingrédients dans des ramequins et de casser un œuf par-dessus. Personnellement, je préfère la cuisson au micro-ondes qui évite au jaune de « croûter ».

1 Préchauffez le gril du micro-ondes pendant 30 secondes. Répartissez la ratatouille dans 4 ramequins, creusez un trou au centre sans aller jusqu'au fond et cassez 1 œuf sur le dessus.

2 Faites cuire 2 minutes 30 au micro-ondes, à 500 watts. Saupoudrez de parmesan et de poivre dès la sortie du four.

conseils

- Si vous n'avez pas de ratatouille, vous pouvez la remplacer par des épinards, par exemple.
- Si vous préférez utiliser le four traditionnel, préchauffez-le à 200 °C (th. 6-7). Ajoutez un trait de crème sur l'œuf avant d'enfourner pour qu'il soit bien lisse et faites cuire au bain-marie pendant 10 minutes.

POUR 4 PERSONNES

PRÉPARATION : 20 MIN • CUISSON : 10 À 12 MIN

- 100 g de restes de fromages
- 4 blancs d'œufs
- 2 jaunes d'œufs
- 15 cl de lait entier
- 20 g de farine
- 20 g de beurre
- 1 pincée de noix de muscade râpée
- Sel

Soufflé d'après-dîner

Que ceux qui ne se sont jamais demandé comment accommoder les restes d'un plateau de fromages se manifestent ou qu'ils se taisent à jamais. Voilà le plat consensuel par excellence. Adultes, anciens, tout-petits, ils aiment tous le soufflé : c'est bon, c'est rigolo et c'est joli (quand c'est réussi). Pour cela, ne loupez pas un gramme de ma méthode. Pour le choix des fromages, thème libre.

1 Préchauffez le four à 180 °C (th. 6). Retirez la croûte des fromages et coupez-les en morceaux ou râpez-les (selon le type de fromage).

2 Dans une casserole, faites fondre le beurre à feu doux puis ajoutez la farine d'un seul coup et remuez vivement à l'aide d'un fouet jusqu'à l'obtention d'une préparation dorée.

3 Versez alors le lait en filet sans cesser de mélanger (toujours au fouet). Laissez cuire à feu doux pendant 10 minutes environ, jusqu'à ce que la préparation soit bien onctueuse. Retirez du feu, ajoutez du sel, la noix de muscade, les fromages et les jaunes d'œufs un par un.

4 Montez les blancs en neige avec 1 pincée de sel et mélangez-les délicatement à la préparation à l'aide d'une spatule.

5 Versez la préparation dans des moules à soufflé individuels beurrés et farinés. Enfournez et laissez cuire 10 à 12 minutes environ (ou 20 minutes pour un soufflé familial). Servez immédiatement.

astuces

Le B.A.-Ba du soufflé :

• Beurrez le moule et placez-le au frais avant de le fariner : la farine ne fera pas de paquets. Veillez à ne pas toucher l'intérieur du moule après le « farinage ».

• Une idée reçue consiste à démarrer à four très chaud pour faire monter le soufflé. Mais cela n'a pour effet que de le faire retomber dès sa sortie et d'en brûler la surface ! Mieux vaut démarrer la cuisson à 180 °C, augmenter à 210 °C une fois le soufflé monté et laisser cuire pendant 6 à 7 minutes, pas plus.

• N'ouvrez jamais la porte du four.

• Montez les blancs progressivement pour y introduire un maximum d'air.

• Demandez à tout le monde de se mettre à table avant la sortie du four, sinon, annoncez que vous avez préparé un pudding…

POUR 4 PERSONNES

PRÉPARATION : 10 MIN • CUISSON : 18 MIN • REPOS : 5 MIN

Risotto jaune

- 300 g de riz pour risotto (vialone nanno ou arborio)
- 1 cube de bouillon de poule ou de légumes (ou 1 l de bouillon maison)
- 40 g de mimolette
- 1 oignon
- 15 cl de vin blanc
- 1 dose de safran en pistil
- 30 g de parmesan
- 60 g de beurre

Eventuellement

- 1 cuil. à soupe de persil plat

Si l'on devait désigner le plat porté aux nues par la mode des années 2000, le risotto arriverait sans aucun doute vainqueur. Encore inconnu des Français il y a 10 ans, le voilà sur toutes les cartes de restaurants : bistrot, gastro, italo-truc, fusion-chose... Le thème est parfois décliné jusqu'à l'absurde : risotto de riz basmati (aussi peu approprié pour l'exercice que la crème pour le pistou), risotto d'aubergines (pour une fois le terme « caviar » aurait été plus simple), de coquillettes (mea culpa !), etc. Par égard pour les relations diplomatiques franco-italiennes, je propose que nous unissions nos appétits pour lutter contre cette fâcheuse habitude de commander le risotto « bien cuit ». Une fois pour toutes, ce n'est pas du riz au lait : le grain doit être souple à l'extérieur et ferme à l'intérieur.

1 Diluez le cube de bouillon dans 1 litre d'eau bouillante ou faites chauffer votre bouillon. Epluchez et émincez l'oignon. Dans une sauteuse, faites fondre l'oignon dans la moitié du beurre chaud, ajoutez le riz. Remuez le temps qu'il devienne translucide (2 à 3 minutes). Versez le vin blanc et attendez l'absorption en remuant.

2 Versez une louche de bouillon brûlant sur le riz en remuant. Ajoutez le reste du bouillon, petit à petit, louche après louche, jusqu'à ce que le riz ait absorbé l'excès de liquide à chaque fois, sans cesser de remuer.

3 Lorsque le riz est encore un peu ferme et le risotto un peu liquide, coupez le feu, ajoutez le safran en pistil, et le reste du beurre. Remuez puis incorporez le parmesan et la moitié de la mimolette râpée. Remuez de nouveau et couvrez. Laissez reposer 5 minutes. Ajoutez le reste de la mimolette en copeaux et éventuellement un peu de persil.

conseils

- *Choisissez du riz rond pour votre risotto et surtout ne le lavez pas.*
- *N'ajoutez pas de crème, il serait trop épais, le risotto doit être « mantecato », onctueux grâce au beurre seulement.*

POUR 3 PERSONNES

PRÉPARATION : 5 MIN • CUISSON : 7 MIN

- 300 g de lamelles d'aubergines grillées (fraîches ou surgelées)
- 3 œufs
- 1 cuil. à café de ciboulette
- 1 cuil. à soupe de graines de sésame
- 1 cuil. à soupe de sauce soja
- 2 cuil. à soupe d'huile d'olive (ou moitié huile de noix et huile d'olive)
- 1 cuil. à soupe de vinaigre doux (cidre, vin doux)
- Sel et poivre

Œufs au plat et aubergines confites

La cuisine élémentaire n'est pas la plus aisée à réussir. Moins les ingrédients sont nombreux, plus la cuisson et l'assaisonnement doivent être précis pour mettre en valeur le produit. J'ai donc trouvé une technique pour me mettre à l'abri des dérapages liés à une cuisson sur le feu : le micro-ondes. C'est un dimanche matin – l'évier encore plein de la vaisselle de la veille – que j'ai choisi de tenter la cuisson au micro-ondes pour mes œufs au plat. Je me suis inspirée de la technique de Bernard Loiseau : cuire le blanc d'abord et n'ajouter le jaune que quelques minutes avant la fin de la cuisson pour le réchauffer sans le cuire. Pas d'odeur, précision horlogère de la cuisson, cette recette peut aussi être préparée avec de l'eau à la place du beurre. Parfois, je trouve même cela plus subtil car c'est, comme dit mon ami et éditeur Claude Lebey, « le produit pour le produit », ce qui pour lui est synonyme de raffinement absolu.

1 Faites décongeler les aubergines si elles sont surgelées. Répartissez-les dans 3 plats à œufs. Faites dorer les graines de sésame dans une poêle à sec (sans matière grasse).

2 Préparez la sauce en mélangeant le vinaigre, l'huile, la sauce soja et la ciboulette. Arrosez-en les 3 plats. Passez-les 1 minute au micro-ondes à 750 watts.

3 Cassez les œufs en séparant les blancs des jaunes, versez les blancs, un par un, dans les plats à œufs et réservez les jaunes. Salez, poivrez puis saupoudrez de graines de sésame.

4 Passez chaque plat 50 secondes au micro-ondes à 750 watts, déposez les jaunes au centre des plats et repassez-les 30 secondes à 500 watts. Servez sans attendre.

POUR 6 À 8 PERSONNES

PRÉPARATION : 15 MIN • CUISSON : 40 MIN

Pissaladière

- 250 g de pâte à pain
- 800 g d'oignons
- 10 filets d'anchois à l'huile
- 12 olives noires de Provence
- 1 gousse d'ail
- 1 cuil. à café d'origan
- 1 feuille de laurier
- Un peu de thym
- 1 cuil. à soupe de concentré de tomate
- 1 cuil. à café de sucre en poudre
- 3 cuil. à soupe d'huile d'olive
- Sel et poivre du moulin

L'été, on a rarement envie de préparer un repas chaud ou alors une grillade au barbecue, à condition de s'y prendre à l'avance pour obtenir de belles braises. Aussi, pour les repas sur le pouce qui fleurent bon les vacances, moi, j'opte pour la pissaladière. Et franchement, quand vous verrez à quel point c'est simple, vous risquez d'abandonner celle de votre boulanger. Allez, pour ne pas le fâcher, achetez-lui quand même la pâte à pain !

1 Retirez la plaque et préchauffez le four à 260 °C (th. 8-9). Epluchez et émincez les oignons, hachez finement l'ail. Faites chauffer 2 cuillerées à soupe d'huile d'olive dans une grande poêle et faites-y fondre l'ail, les oignons, le concentré de tomate, l'origan, le laurier et le sucre.

2 Salez, poivrez et mélangez. Couvrez et laissez cuire à feu doux pendant 20 minutes en remuant fréquemment. Les oignons doivent rester transparents. Rincez les filets d'anchois et incorporez-les à la préparation. Laissez fondre pendant 2 à 3 minutes puis retirez du feu.

3 Posez la pâte à pain sur la plaque du four huilée et étendez-la à la main pour qu'elle couvre toute la plaque. Répartissez la préparation sur la pâte. Ajoutez les olives. Enfournez et faites cuire pendant 20 minutes environ. Arrosez du reste d'huile d'olive et saupoudrez d'un peu de thym. Servez tiède ou froid.

astuce

Vous pouvez aussi utiliser une pâte à pizza prête à dérouler ou un disque de pâte feuilletée.

POUR 4 PERSONNES

PRÉPARATION : 15 MIN • CUISSON : 4 MIN

- 1 kg d'escargots en boîte
- 100 g de crème fraîche
- 1 cuil. à café de moutarde
- 1 petit bouquet de persil
- 4 gousses d'ail
- 1 bonne pincée de cannelle en poudre
- 100 g de beurre
- Sel et poivre du moulin

Les escargots du Causse

J'ai finalement réussi à convaincre mon amie Odette de me confier sa version très personnelle des escargots à l'ail. Bien qu'elle habite la campagne, elle n'hésite pas à utiliser des escargots en boîte (mais de bons bourgognes !) qu'elle assaisonne de cannelle avant de les arroser de son mélange magique. Ne vous laissez pas intimider par la quantité de matière grasse et dites-vous que c'est dans le Sud-Ouest qu'est né le « french paradox » : manger gras, c'est manger sain. Une fois par an, on peut bien se la raconter...

1 Rincez les escargots à l'eau froide et égouttez-les dans une passoire.

2 Dans un petit mixeur (ou à l'aide d'un couteau), hachez ensemble le bouquet de persil et les gousses d'ail.

3 Faites fondre le beurre et versez-le dans un grand bol. Ajoutez la crème, la moutarde, le sel, le poivre et la persillade. Mélangez à l'aide d'une spatule jusqu'à l'obtention d'une préparation homogène.

4 Dans une poêle, réchauffez les escargots à feu doux 1 à 2 minutes. Saupoudrez de cannelle.

5 Ajoutez le beurre aromatique et laissez mijoter à feu doux pendant 2 minutes en remuant.

6 Garnissez 4 ramequins que vous aurez préalablement chauffés au four. Servez avec des croûtons frottés à l'ail.

POUR 4 PERSONNES

PRÉPARATION : 15 MIN • CUISSON : 3 MIN

- 600 g de restes de viande de pot-au-feu bien sèche
- 1 légume cuit de chaque catégorie : carotte, poireau, pomme de terre, navet
- Un peu de farine
- Huile de friture
- Sel et poivre du moulin

Boulettes craquantes de pot-au-feu

Il y a parfois des recettes qui me font l'effet de cadeaux de Noël. Les boulettes de Mamie Cornet sont de celles-là. Jérémy, son petit-fils, a eu la gentillesse de me la confier voyant que je me lassais des recettes traditionnelles de restes de pot-au-feu (parmentier, bolognaise, miroton...). Ces boulettes sont une caricature de simplicité : tout est mixé puis façonné à la main. Le résultat est somptueux, offrant un subtil contraste de moelleux et de croustillant. Viande, légumes et très peu de matière grasse : un repas complet à peu de frais. Pour un peu, je cuirais mon pot-au-feu rien que pour les restes !

1 Hachez la viande au mixeur. Ajoutez progressivement les légumes et hachez très finement. La préparation doit être bien humide.

2 Salez, poivrez et formez, entre vos mains, de petites boulettes de la taille d'une noisette.

3 Farinez-les et faites-les frire 3 minutes à la poêle dans de l'huile bien chaude.

4 Servez chaud ou froid, sur des petits cœurs de laitue, accompagné d'une salade préparée avec les restes de légumes du pot-au-feu.

astuce

S'il vous reste encore de la viande de pot-au-feu, préparez une salade de bœuf, comme ma tante Danièle. Pour cela, émiettez la viande à la main et mélangez-la à des rondelles très fines de carottes crues, d'échalotes et de cornichons. Assaisonnez d'une vinaigrette bien moutardée.

POUR 6 PERSONNES

PRÉPARATION : 40 MIN • CUISSON : 5 À 7 MIN

- 500 g de pommes de terre mona lisa, amandines ou bintjes (farineuses et les plus vieilles possibles)
- 100 g de farine
- 1 œuf
- 30 g de pecorino ou parmesan râpé
- 20 g de beurre
- 2 feuilles de sauge
- 10 cl de bouillon ou d'eau salée
- 1 pointe de noix de muscade râpée
- Sel et poivre du moulin

Gnocchis aux pommes de terre

Il existe presque autant de variétés de gnocchis que de régions en Italie. Les Romains les préparent avec de la semoule, les Florentins avec des épinards et de la ricotta, tandis que les Piémontais se contentent de restes de pommes de terre. Qui n'a pas des souvenirs émus d'un plat de gnocchis brûlants, couverts de crème et de fromage fondu ? Pourtant, on en cuisine rarement tant cela semble délicat. Pour vous en restituez le B.A.-ba., je suis allée jusqu'à prendre des cours auprès de Franck Cerruti, le sympathique chef du Louis XV à Monaco. On ne plaisante pas avec la tradition !

1 Faites cuire les pommes de terre non pelées dans de l'eau salée 25 à 30 minutes (selon leur taille et leur qualité). Evitez de trop les cuire pour qu'elles ne se gorgent pas d'eau. Pelez-les puis écrasez-les quand elles sont encore bien chaudes, à l'aide d'une fourchette ou d'un presse-purée, de façon à ce qu'il ne reste aucun morceau. N'utilisez pas de mixeur, cela les rendrait élastiques.

2 Incorporez la farine, l'œuf battu et le sel. Mélangez bien, à l'aide d'une spatule, pour obtenir une pâte homogène. Rajoutez un peu de farine si la pâte vous paraît trop molle.

3 Farinez légèrement votre plan de travail. Formez dans vos mains des petits rouleaux d'1 cm de diamètre et découpez-les en tronçons de 3 cm de long. Aplatissez chaque morceau avec le dos d'une fourchette et réservez sur des feuilles de papier absorbant.

4 Versez les gnocchis dans de l'eau frémissante salée et laissez-les cuire 2 minutes au maximum (cela dépend de leur taille, faites un essai). Pendant ce temps, faites fondre le beurre dans une poêle avec les feuilles de sauge. Ajoutez le bouillon ou l'eau salée. Portez à ébullition et laissez réduire.

5 Egouttez les gnocchis dans une passoire puis faites-les revenir à feu vif dans la poêle. Remuez constamment la poêle, sans toucher les gnocchis pour ne pas les abîmer. Saupoudrez de pecorino ou de parmesan, remuez, saupoudrez de noix de muscade, poivrez et servez.

POUR 4 PERSONNES · PRÉPARATION : 20 MIN • CUISSON : 30 MIN

Parmentier de cabillaud aux olives

- 500 g de filets de cabillaud
- 500 g de purée (à l'huile d'olive de préférence)
- 1 gousse d'ail
- 1 cuil. à soupe d'olives noires dénoyautées
- 2 cuil. à soupe de chapelure
- 30 g de beurre
- 1,5 l de court-bouillon frais ou 2 cubes de bouillon
- Noix de muscade
- 1 cuil. à soupe d'huile d'olive
- Sel et poivre du moulin

Vous aurez compris que je me fais fort de ne jamais rien jeter en cuisine. C'est pourquoi je tire une grande fierté de cette recette de parmentier de cabillaud aux olives qui me permet d'utiliser mes restes de purée en préparant un plat aux allures de brandade avec moins de matière grasse et plus de couleurs !

1 Préchauffez le four à 210 °C (th. 7). Réchauffez le court-bouillon ou diluez les cubes de bouillon dans 1,5 litre d'eau bouillante. Plongez-y le cabillaud et la gousse d'ail entière et faites-les cuire pendant 10 minutes.

2 Récupérez la gousse d'ail dans le court-bouillon, écrasez-la avec une fourchette puis incorporez-la à la purée placée dans un saladier.

3 Egouttez le poisson et émiettez-le au-dessus de la purée.

4 Détaillez les olives noires en rondelles et ajoutez-les à la préparation. Versez un filet d'huile d'olive. Salez, poivrez, muscadez et mélangez délicatement le tout.

5 Transvasez le mélange dans un plat à gratin, saupoudrez de chapelure et de noisettes de beurre. Enfournez et faites gratiner au four pendant 20 minutes. Ajoutez quelques éclats d'olives noires et servez très chaud.

astuces

Pour faire votre purée à l'huile d'olive :

• Lavez 400 g de pommes de terre et plongez-les dans une casserole contenant 1,5 litre d'eau froide salée au gros sel. Portez à ebullition à feu vif et baissez le feu dès les premiers bouillons. Laissez cuire 40 minutes environ. Ne les cuisez pas plus car elles perdraient leur amidon, qui participe à l'onctuosité de la purée.

• Egouttez les pommes de terre et pelez-les dès que vos doigts le supportent. Ecrasez-les, replacez la purée obtenue dans la casserole et tournez vivement avec une spatule pendant 2 minutes. Ajoutez alors 5 cl d'huile d'olive en filet, puis 10 cl de lait bouillant. Salez, poivrez et muscadez éventuellement. Servez tout de suite car la purée n'attend pas !

POUR 2 PERSONNES

PRÉPARATION : 15 MIN • CUISSON : 45 MIN

- 400 g de blancs de seiche
- 30 cl de lait 1/2 écrémé
- 70 ml de crème liquide
- 1/2 gousse de vanille (ou plus selon le goût et les moyens)
- 2 échalotes
- 1/2 cuil. à café de sucre en poudre
- 10 g de beurre
- 2 cuil. à soupe de vinaigre balsamique
- 1 cuil. à café de sel
- Poivre blanc

Seiches à la vanille de Marie

C'est à Marie, une brillante cuisinière rencontrée sur l'île de Ré, que je dois cette recette saugrenue de poisson, devenue l'une de mes favorites : la seiche à la vanille. L'occasion de se souvenir que la vanille est une épice très douce qui peut aussi bien être associée aux plats sucrés que salés (veau, thon, volaille).

1 Dans une cocotte, mélangez le lait et la crème, ajoutez la demi-gousse de vanille grattée et le sel.

2 Coupez les blancs de seiche en lamelles et ajoutez-les dans la cocotte, poivrez. Couvrez et faites cuire pendant 45 minutes à feu très doux. Retirez le couvercle à mi-cuisson.

3 Pendant ce temps, épluchez et hachez les échalotes. Faites-les fondre dans une casserole à part avec le beurre, puis ajoutez le sucre, le vinaigre et 10 cl d'eau. Laissez compoter 20 minutes à découvert en remuant régulièrement.

4 Egouttez la seiche et déposez-la sur un lit de riz. Couvrez d'échalotes et servez bien chaud.

POUR 2 PERSONNES

PRÉPARATION : 15 MIN • CUISSON : 6 MIN

- 4 œufs frais
- 180 g de gésiers confits sous vide
- 180 g de mélange forestier en bocal
- 1 cuil. à soupe de crème fraîche
- Un peu de sarriette ou de thym
- Sel et poivre du moulin

Œufs brouillés aux gésiers et aux champignons

Pourquoi faudrait-il confiner les œufs brouillés dans un rapport exclusif au fromage et au jambon ? L'ajout de gésiers de canards et de champignons juste poêlés permet de préparer un repas complet, contrasté et très équilibré. S'il vaut mieux éviter ceux en boîte, les champignons des bois en bocal offrent une bonne alternative à ceux du marché. Autre solution : les petits cèpes entiers surgelés, absolument réjouissants de saveur et de tonus. Une salade verte et le tour est joué !

1 Egouttez les champignons dans une passoire. Prélevez un peu de graisse des gésiers et faites-la chauffer dans une cocotte. Faites-y revenir les champignons à feu moyen pendant quelques minutes.

2 Egouttez les gésiers sur du papier absorbant et coupez-les en dés de 5 mm de côté. Ajoutez-les dans la cocotte et remuez. Les gésiers doivent simplement chauffer.

3 Cassez 2 œufs entiers dans un grand bol. Pour les 2 autres, séparez les blancs des jaunes, réservez les jaunes et ajoutez les blancs aux œufs entiers. Salez, poivrez et mélangez sans trop fouetter.

4 Baissez le feu au minimum et versez les œufs battus dans la cocotte. Faites cuire 1 minute à 1 minute 30 sans cesser de fouetter jusqu'à ce qu'ils soient légèrement pris.

5 Incorporez alors les 2 jaunes d'œufs restants, la crème fraîche, remuez et coupez le feu. Rectifiez l'assaisonnement et garnissez de sarriette.

6 Servez dans de petits ramequins, de petites cocottes individuelles ou des assiettes creuses avec du pain grillé sur une seule face. Agrémentez de sarriette ou de thym.

conseil

Prenez soin de choisir un récipient de cuisson à fond épais pour que la chaleur soit diffuse et douce. Une petite cocotte convient très bien. Et surtout, ne salez pas trop la préparation, les gésiers le sont déjà.

POUR 4 PERSONNES

PRÉPARATION : 15 MIN • CUISSON : 12 MIN

Utiliser un reste de pâtes : galette de penne

- 400 g de penne déjà cuites, assaisonnées à la tomate (conservées au frais dans un Tupperware)
- 100 g de mozzarella de vache
- 1 pincée de thym frais ou séché
- 3 cuil. à soupe d'huile d'olive

Eventuellement

- Un peu de parmesan râpé

Cette recette est un basique qui peut être préparé avec toutes sortes de pâtes déjà cuites. Le principe est de cuire les pâtes à la poêle en les tassant bien pour obtenir une sorte de grosse crêpe croustillante à l'extérieur et moelleuse à l'intérieur. Ne faites pas l'erreur d'ajouter des œufs pour que ça « prenne » mieux au risque de déséquilibrer les contrastes. Autre conseil d'importance : n'ajoutez la mozzarella qu'en cours de cuisson pour éviter qu'elle ne fonde trop vite et brûle dans le fond de la poêle au lieu d'enrober les pâtes.

1 Si les pâtes ne sont pas déjà agrémentées de fromage, ajoutez 1 poignée de parmesan. Parsemez-les d'un peu de thym.

2 Faites chauffer 2 cuillerées à soupe d'huile d'olive dans une grande poêle. Quand elle est bien chaude, versez les pâtes, tassez bien et laissez cuire 5 minutes à feu assez vif.

3 Coupez la mozzarella en dés puis répartissez-la sur le dessus de la galette. Laissez fondre 2 minutes.

4 Déposez une grande assiette huilée sur la poêle et retournez d'un coup sec. Faites chauffer le reste de l'huile dans la poêle et faites-y glisser la galette pour colorer l'autre côté.

5 Coupez en parts et servez bien chaud, sur un lit de roquette ou d'herbes fraîches. A déguster avec les doigts !

conseil

Ajoutez quelques dés d'olives noires, des filets d'anchois ou quelques dés de tomates confites dans les pâtes avant de les cuire.

POUR 4 PERSONNES

PRÉPARATION : 10 MIN • CUISSON : 16 À 18 MIN

Risotto au champagne

- 500 g de riz pour risotto (vialone nanno ou arborio)
- 1 oignon blanc
- 20 cl de champagne + 1 bouteille
- 2 cubes de bouillon de volaille
- 2 cuil. à soupe rases de crème fraîche légère
- 100 g de parmesan fraîchement râpé
- 40 g de pistaches non salées
- 50 g de beurre
- Sel et poivre du moulin

Pas le temps de faire le marché et un dîner de fête à assurer sans aucun produit frais ? Pari tenu avec mon risotto au champagne. Une fois cuit selon les règles de l'art (il faut compter environ 20 minutes), j'apporte le plat à table, avec une bouteille de champagne bien frappé. Pour suivre la tradition italienne à la lettre, je la secoue, je la plante au milieu du plat et je la débouche, l'écume sera absorbée par mon riz et par la mémoire de mes invités. D'une simplicité effrontée !

1 Pelez et hachez très finement l'oignon. Portez à ébullition 1,5 litre d'eau et diluez-y les cubes de bouillon.

2 Faites fondre le beurre dans une cocotte, et faites-y revenir l'oignon haché à feu doux jusqu'à ce qu'il soit transparent. Ajoutez le riz cru et remuez jusqu'à ce qu'il soit translucide (1 à 2 minutes).

3 Versez 20 cl de champagne et remuez jusqu'à évaporation du liquide. Incorporez, louche par louche, le bouillon brûlant (très important) en remuant à l'aide d'une spatule. Il faut que la louche précédente soit absorbée avant de rajouter la suivante. C'est là que réside le secret de la réussite d'un risotto.

4 Comptez 16 à 18 minutes de cuisson. Quand le riz est cuit, mais encore ferme, incorporez la crème, le parmesan, puis les pistaches. Salez, poivrez. Remuez et versez dans un plat.

5 Sortez la bouteille de champagne du réfrigérateur et nettoyez-la à l'aide d'un linge humide. Secouez-la bien. Plantez-la dans le riz, au milieu du plat et débouchez. Laissez l'écume s'écouler, retirez la bouteille, remuez le riz et servez.

astuces

• Les moins aventureux se contenteront d'ajouter du champagne légèrement chauffé en fin de cuisson.
• Vous pouvez aussi utiliser la même bouteille à condition de bien la refermer après avoir versé le champagne en début de cuisson et de la remettre au frais.

Sucré

POUR 6 PERSONNES

PRÉPARATION : 25 MIN • REPOS : 2 H À 1 NUIT AU FRAIS

- 50 cl de lait de coco
- 15 cl de lait concentré sucré
- 1 ou 2 doses de safran (selon le goût et les moyens)
- 2 feuilles de gélatine
- 1 pincée de sel

Blanc-manger à la noix de coco et au safran

S'il fallait désigner le comble de la cuisine du placard, cette recette serait sans doute lauréate. Le blanc-manger est une sorte de flan, sans œufs ni farine, qui nécessite seulement d'avoir un peu de lait sous la main. Cette version exotique simplifie encore la tâche en mêlant lait de coco et lait concentré, tous deux disponibles en conserve. Le safran est facultatif et peut être remplacé par un bâton de cannelle, infusé dans le lait.

1 Faites ramollir la gélatine en la plaçant pendant 15 minutes dans un bol d'eau froide.

2 Versez le lait de coco et le lait concentré dans une casserole, saupoudrez de safran et de sel. Mélangez, à l'aide d'une spatule, sans fouetter. Portez à ébullition.

3 Coupez le feu et incorporez la gélatine essorée. Mélangez jusqu'à ce qu'elle soit dissoute.

4 Versez la préparation dans des ramequins à fond arrondi ou des verres. Laissez refroidir à température ambiante avant d'entreposer au frais pendant 2 heures, ou mieux, une nuit.

5 Servez-les tels quels ou démoulez-les. Décorez-les d'un petit dôme de noix de coco dorée à la poêle et de fruits exotiques.

conseil

Ces desserts se conservent jusqu'à une semaine au frais.

POUR 4 À 6 PERSONNES

PRÉPARATION : 20 MIN • CUISSON : 8 À 10 MIN

- 300 g de chocolat amer à 70 % de cacao
- 6 œufs
- 100 g de sucre en poudre
- 70 g de farine
- 100 g de beurre

Eventuellement

- Poivre noir

Coulant au chocolat

Attention, grosse recette ! Enorme classique. On ne peut pas dire que l'on invente vraiment en cuisine : un peu de ci en plus, un peu de ça piqué ailleurs. Les vraies créations culinaires se comptent sur les doigts d'une mitaine : le carpaccio du restaurant Cipriani, le saumon à l'oseille de Troisgros, la glace au Malabar d'Alain Ducasse et une recette qui a fait le tour du monde, présente sur les grandes tables comme chez vos copains... le coulant au chocolat, inventé par le très étoilé Michel Bras. Ce concentré de cacao, biscuité à l'extérieur et carrément liquide à l'intérieur, relève d'un tour de force technique, que j'ai bien sûr simplifié pour vous, enfin, pour nous !

1 Préchauffez le four à 240 °C (th. 8). Coupez le beurre et le chocolat en morceaux et faites-les fondre ensemble au bain-marie (dans un bol ou un saladier posé sur une casserole d'eau frémissante). Retirez du feu.

2 Dans un autre saladier, battez vivement le sucre et les œufs. Incorporez-les au chocolat et mélangez. Ajoutez la farine petit à petit, en mélangeant à la spatule, jusqu'à l'obtention d'une préparation homogène. Poivrez éventuellement.

3 Beurrez et sucrez légèrement de petits ramequins. Remplissez-les aux 3/4 avec la préparation et enfournez. Laissez cuire 8 à 10 minutes, selon la taille des moules et la puissance de votre four.

4 Sortez les ramequins du four et laissez tiédir. Démoulez délicatement après avoir passé la lame d'un couteau le long des parois. Retournez-les et servez avec de la glace vanille ou une crème anglaise.

astuce

Pour un démoulage parfait : beurrez les moules et placez-les au frais avant de verser la pâte, pour que le beurre durcisse.

POUR 8 PERSONNES

PRÉPARATION : 25 MIN • REPOS : 30 MIN À 24 H • CUISSON : 45 MIN

Pain d'épices

- 350 g de farine complète (ou 200 g de farine de froment et 150 g de farine de seigle)
- 10 cl de lait
- 1 jaune d'œuf
- 5 g de grains d'anis (2 grosses cuil. à café)
- 5 g de cannelle en poudre (ou 2 bâtons)
- 1 zeste d'orange
- 1 pincée de noix de muscade râpée
- 6 clous de girofle
- 250 g de miel nature liquide
- 8 g de bicarbonate de soude ou de levure chimique (1 cuil. à soupe bombée)

Difficile d'imaginer un plaisir plus délectable et plus sensuel que celui d'une tranche de pain d'épices légèrement amollie par un bref passage dans une tasse de thé brûlant. La langue rattrape de justesse les petites parcelles de pain qui ne demandent qu'à s'échouer sur la moquette avant de presser les épices réchauffées sur le palais, mmmh ! Imaginez quand le pain d'épices a été confectionné par vos propres mains ou celles de l'aimé(e)...

1 Préchauffez le four à 150 °C (th. 5). Passez ensemble au mixeur les épices entières : la cannelle, l'anis, les clous de girofle, la noix de muscade et le zeste d'orange jusqu'à l'obtention d'une poudre. Placez dans un grand saladier et mélangez avec la farine.

2 Faites fondre le miel dans un bol, en le passant 20 secondes au micro-ondes. Incorporez-le à la farine et aux épices. Versez le lait dans un bol et fouettez-le avec le jaune d'œuf et le bicarbonate de soude. Mélangez le tout et malaxez pendant 10 bonnes minutes (la réussite dépend de vos efforts).

3 Laissez reposer 30 minutes au minimum (jusqu'à 24 heures). Versez la pâte dans un moule à cake beurré aux 2/3, enfournez et faites cuire 45 minutes sans ouvrir la porte du four en cours de cuisson.

conseils

- *Pour que votre pain soit plus moelleux, enveloppez-le bien serré dans du film alimentaire et entreposez-le au frais pendant 24 heures.*
- *Vous pouvez ajouter, dans votre pain d'épices, des pruneaux et de l'armagnac, des fruits confits, des amandes rôties, de la vanille en poudre, de la cardamome, du café lyophilisé, du cacao en poudre, du gingembre...*
- *Si vous avez le temps, faites légèrement chauffer les épices à la poêle avant de les mixer, pour laisser s'exhaler leur saveur.*

POUR 6 PERSONNES

PRÉPARATION : 25 MIN • CUISSON : 30 MIN

- 1 rouleau de pâte feuilletée
- 2 boîtes de rondelles d'ananas au sirop
- 1 cuil. à café de cannelle en poudre
- 1/2 cuil. à café de gingembre en poudre
- 100 g de sucre roux en poudre
- 5 g de beurre (pour le moule)

Tatin d'ananas aux épices

Je ne sais pas si j'ai déjà fait une tarte Tatin aux pommes. A chaque fois que je m'y mets, je ne peux m'empêcher de détourner ce dessert de sa route : bananes, endives, oignons… A l'ananas, c'est ma version favorite et pour apporter une petite touche personnelle, j'ajoute quelques dés de gingembre confit. C'est le petit « je ne sais quoi » qui fait la différence !

1 Préchauffez le four à 180 °C (th. 6). Sortez les rondelles d'ananas de leur boîte et conservez le sirop dans un bol à part. Egouttez l'ananas sur du papier absorbant.

2 Préparez le caramel. Pour cela, faites fondre le sucre à feu moyen, dans une casserole, avec 2 ou 3 cuillerées à soupe du sirop des ananas. Ajoutez les épices quand le caramel commence à blondir.

3 Une fois le caramel obtenu, versez-le dans le fond d'un moule à tarte beurré. Disposez, par-dessus, les tranches d'ananas en étoile. Couvrez de pâte feuilletée et coupez-la aux dimensions du moule.

4 Enfournez et laissez cuire 30 minutes. Pour servir, retournez la tarte et servez-la chaude ou tiède.

POUR 4 PERSONNES

PRÉPARATION : 15 MIN • CUISSON : 40 MIN • REPOS : 1 H À 1 NUIT AU FRAIS

- 150 g de figues sèches
- 2 jaunes d'œufs
- 35 cl de crème liquide
- 40 g de sucre en poudre
- 2 cuil. à soupe de cassonade
- 1 cuil. à café d'extrait de vanille (ou 1 gousse de vanille grattée)

Crème brûlée aux figues

Quand je cuisine, il faut toujours que j'imprime ma marque sur les recettes traditionnelles. La crème brûlée, par exemple : une fois la recette de base maîtrisée, je me suis amusée à y ajouter des morceaux de figues sèches. Soyez exigeant sur la qualité des figues : fades et trop sèches, elles rompraient l'harmonie du dessert. En revanche, évitez de les remplacer par des fruits frais qui pourraient détremper la pâte.

1 Préchauffez le four à 150 °C (th. 5) et versez de l'eau dans la lèchefrite pour préparer le bain-marie.

2 Pendant ce temps, versez la crème dans une casserole, ajoutez-y les figues et la vanille puis portez à ébullition tout doucement.

3 Dans un saladier, fouettez les jaunes d'œufs avec le sucre blanc jusqu'à ce que le mélange blanchisse. Retirez les figues de la crème et égouttez-les sur du papier absorbant. Versez la crème brûlante sur les œufs et le sucre, en mince filet et sans cesser de tourner avec une cuillère en bois, jusqu'à l'obtention d'une préparation homogène.

4 Découpez les figues en lamelles de 5 mm d'épaisseur et repartissez-les dans de petits plats ronds individuels. Versez dessus la préparation, enfournez sur la léchefrite et faites cuire au bain-marie pendant 40 minutes.

5 Laissez refroidir puis placez 1 heure au frais (jusqu'à une nuit), couvert d'un film alimentaire.

6 Allumez le gril du four, saupoudrez les crèmes de cassonade et faites-les dorer 1 à 2 minutes au plus proche du gril (ou utilisez un chalumeau). Servez dès la sortie du four.

conseil

Vous pouvez faire gonfler les figues au préalable dans un peu de porto ou d'armagnac.

POUR 4 PERSONNES

PRÉPARATION : 5 MIN • CUISSON : 32 MIN

- 4 bananes bien mûres
- 100 g de chocolat noir amer
- 50 g de noix hachées
- Glace vanille

Sombre banane

Je n'ai jamais pu me résoudre à jeter des fruits. Même flétris, tachés, je trouve toujours un moyen de les accommoder. La banane supporte très bien un surmûrissement, son goût s'en trouve accentué, seule sa texture perd un peu de sa fermeté. C'est la raison pour laquelle j'ai choisi de pousser le vice jusqu'à la faire confire dans sa peau. Noircie par la cuisson, elle dévoile une chair nacrée à l'intérieur. A vous de doser le chocolat que je vous conseille de glisser en son sein.

1 Allumez le four à 220 °C (th. 7-8). Posez les bananes non pelées dans un plat allant au four ou sur une feuille de papier sulfurisé et enfournez sur la grille. Laissez-les cuire pendant 30 minutes.

2 Sortez les bananes du four et fendez délicatement leur peau sur toute la longueur, sans entamer leur chair, à l'aide d'un petit couteau bien tranchant. Glissez-y des éclats de chocolat et saupoudrez de noix hachées. Repassez les bananes au four pendant 2 minutes pour faire fondre le chocolat.

3 Servez les bananes telles quelles dans des assiettes creuses, accompagnées simplement d'1 boule de glace à la vanille.

conseil

En général, les fruits exotiques n'aiment pas le froid : bananes, avocats, ananas noircissent au frigo, mieux vaut les conserver à température ambiante.

POUR 4 PERSONNES

PRÉPARATION : 25 MIN • CUISSON : 5 MIN • REPOS : 5 H MINIMUM

Panna cotta à la mangue

Panna cotta

- 40 cl de crème liquide
- 2 feuilles de gélatine
- 60 g de sucre en poudre
- 1 sachet de sucre vanillé
- 1 cuil. à soupe d'amaretto

Coulis de mangue

- 300 g de chair de mangue surgelée
- 20 g de cassonade
- 1 cuil. à soupe de jus de citron vert
- 1 cuil. à soupe de rhum ambré

Voilà un de mes desserts favoris. D'ailleurs, j'aime autant le préparer que le déguster, c'est rare ! Il faut dire que c'est simple comme bongiorno. Le principe est dans le titre : panna (crème) cotta (cuite). Est-il utile de vous préciser que le petit nombre d'ingrédients vous impose d'utiliser une crème de bonne qualité ? Le coulis de mangue (que je prépare avec de la mangue surgelée que j'ai toujours sous la main) apporte un petit goût pointu qui peut être remplacé par un coulis d'abricot ou de fruits rouges.

1 Passez la chair de mangue au mixeur avec le jus de citron, le rhum et la cassonade. Répartissez cette purée dans le fond de 4 ramequins (vous pouvez utiliser des verrines, c'est encore plus joli quand c'est transparent). Placez-les au congélateur.

2 Faites ramollir la gélatine dans de l'eau froide. Dans une petite casserole, mélangez le sucre, le sucre vanillé, l'amaretto et la crème. Portez à ébullition en mélangeant régulièrement à l'aide d'une spatule puis coupez le feu.

3 Egouttez bien la gélatine et incorporez-la à la crème tiède. Laissez refroidir à température ambiante. Sortez les ramequins du congélateur et versez-y la crème refroidie. Placez au réfrigérateur pendant 5 heures au moins.

4 Sortez les ramequins du réfrigérateur 30 minutes avant de servir pour qu'ils soient à température ambiante. Démoulez éventuellement et saupoudrez d'amandes effilées dorées à la poêle.

conseils

- *La qualité du dessert dépend de celle de la crème. Prenez la peine d'aller chez votre crémier et demandez une bonne crème liquide ou semi-liquide.*
- *Si vous ne trouvez pas d'amaretto, parfumez votre crème avec de l'essence d'amande amère.*
- *Ajoutez des zestes d'agrumes, de l'eau de fleur d'oranger ou des épices.*
- *Si vous aimez la panna cotta souple et onctueuse, réduisez la quantité de gélatine, versez la crème dans de jolies verrines et servez tel quel.*

POUR 6 PERSONNES

PRÉPARATION : 10 MIN • CUISSON : 35 MIN

Brownies aux marrons

- 500 g de crème de marrons à la vanille
- 5 œufs
- 3 cuil. à soupe de cacao en poudre
- 80 g de poudre d'amandes
- 200 g de beurre

Même ceux qui prétendent ne pas aimer les desserts fondent devant un brownie. Alors quand celui-ci est enrichi de crème de marrons à la vanille, personne n'y résiste, surtout du côté des enfants. N'hésitez pas à ajouter une poignée de noix bien fraîches ou des éclats de marrons glacés associés à un trait d'armagnac.

1 Préchauffez le four à 180 °C (th. 6). Coupez le beurre en morceaux et faites-le fondre dans un bol 30 secondes au micro-ondes ou à feu doux dans une casserole.

2 Cassez les œufs dans un saladier et fouettez-les légèrement. Ajoutez la poudre d'amandes, le cacao et fouettez de nouveau. Ajoutez le beurre fondu et la crème de marrons. Mélangez bien.

3 Versez la préparation dans un moule beurré, enfournez et laissez cuire 35 minutes. Servez tiède avec de la glace et des marrons glacés.

conseil

Vous pouvez remplacer la poudre d'amandes par 50 g de farine et ajouter des éclats de marrons glacés ou des cerneaux de noix à la pâte.

POUR 8 PERSONNES

PRÉPARATION : 15 MIN • CUISSON : 1 H

- 180 g de farine complète
- 180 g de beurre
- 150 g de vergeoise (ou sucre roux en poudre)
- 1 canette ou 1 bouteille de bière brune (33 cl)
- 150 g de raisins secs
- 80 g de cerneaux de noix
- 3 œufs
- 1/2 cuil. à café de noix de muscade râpée
- 1 cuil. à café de quatre-épices
- 1 pincée de grains d'anis
- 1/2 sachet de levure

Moelleux à la bière brune et aux fruits secs

Je pourrais être élue reine des moelleux. J'en fais à tous les parfums. Récemment, j'ai tenté un étonnant moelleux à la bière brune et aux fruits secs. Dans l'équivalent d'une canette de bière brune (ses parfums de musc et de caramel sont plus appropriés à ce dessert que la blonde), je fais infuser un mélange d'épices que je varie selon l'humeur. L'usage de la farine complète est facultatif mais j'aime bien son parfum de noisette, d'autant plus que cela me donne l'illusion de pouvoir me régaler sans compter. La Belgique vient de gagner un grand dessert !

1 Préchauffez le four à 170 °C (th. 5-6). Dans une casserole, faites chauffer la bière avec les épices, les raisins secs et le beurre en mélangeant à l'aide d'une spatule. Portez à ébullition puis laissez frémir 5 minutes à feu doux. Retirez du feu et laissez tiédir pour que les raisins gonflent et que les saveurs se mélangent.

2 Dans un saladier, fouettez les œufs avec le sucre jusqu'à ce que le mélange blanchisse. Incorporez la farine et la levure petit à petit pour éviter les grumeaux, toujours en fouettant. Versez l'infusion à la bière et ajoutez les cerneaux de noix. Mélangez.

3 Versez la pâte dans un grand moule rond beurré et sucré, enfournez et laissez cuire 1 heure. Laissez refroidir et démoulez.

POUR 6 PERSONNES

PRÉPARATION : 15 MIN • CUISSON : 1 H 30 MIN

- 150 g de pain rassis
- 1 l de lait entier
- 150 g de raisins secs
- 4 œufs
- 200 g de sucre roux en poudre
- 1 verre à liqueur de rhum
- 1 cuil. à café de cannelle
- 1 pincée de gingembre en poudre, ou de vanille en poudre, ou de noix de muscade râpée

Utiliser un reste de pain : pudding

Après la lecture de cette recette (et surtout sa dégustation), vous risquez de culpabiliser en repensant à toutes les baguettes rassises que vous avez lâchement jetées à la poubelle. Je me souviens de Yalda, cette jeune Afghane débarquée à Paris, dont le « journal » fit un tabac en France, m'expliquant qu'elle était sidérée par le peu de cas que les Occidentaux font du pain. « Nous, nous le gardons plusieurs années, comme tout ce qui ne pourrit pas ; il nous suffit de le tremper avant de le manger. » Loin de moi l'idée de comparer mon pudding à ces nourritures de pénurie, mais il est parfois sage de s'inspirer de ceux qui élaborent leur cuisine avec, comme premier ingrédient, le bon sens.

1 Préchauffez le four à 150 °C (th. 5). Dans un bol, faites gonfler les raisins dans le rhum en les passant au micro-ondes pendant 1 minute. Réhydratez le pain en le trempant dans le lait jusqu'à ce qu'il soit complètement imbibé.

2 Dans un saladier, battez les œufs à la fourchette avec le sucre puis ajoutez les raisins avec le rhum. Egouttez le pain à l'aide d'une passoire sans trop insister (le pudding serait trop sec) et placez-le dans un mixeur.

3 Mixez-le pain pour obtenir une pâte lisse puis égouttez-le de nouveau dans une passoire. Versez-le dans le saladier contenant le reste de la préparation et ajoutez les épices. Mélangez et versez dans un moule à cake beurré. Enfournez et laissez cuire 1 heure 30.

4 Laissez tiédir avant de démouler. Servez en tranches, tiède ou frais.

POUR 12 MADELEINES

PRÉPARATION : 15 MIN • CUISSON : 15 MIN

- 2 œufs (120 g environ)
- La moitié de leur poids de beurre (soit 60 g environ)
- La moitié de leur poids de farine (soit 60 g environ)
- La moitié de leur poids de sucre en poudre (soit 60 g environ)
- 2 cuil. à soupe de poudre d'amandes
- 1 cuil. à café rase de levure chimique
- 1 sachet de sucre vanillé
- 1 cuil. à soupe d'eau de fleur d'oranger

Madeleines à la fleur d'oranger

Marcel Proust n'est pas le seul auquel les madeleines évoquent des souvenirs. Moi, c'est toute mon enfance et, récemment, j'ai voulu enseigner la recette aux enfants. Pour qu'ils la retiennent plus facilement, j'ai trouvé un truc : je pèse les œufs, puis je calcule la moitié de leur poids en sucre, en beurre fondu et en farine. Je n'oublie pas non plus la levure chimique, les 2 cuillerées de poudre d'amandes et l'arôme magique de l'eau de fleur d'oranger.

1 Préchauffez le four à 180 °C (th. 6). Faites fondre le beurre dans une petite casserole.

2 Dans un saladier, fouettez à la fourchette les sucres et les œufs. Dans un autre saladier, mélangez la farine et la levure. Incorporez-les à la préparation, petit à petit, sans cesser de remuer. Ajoutez ensuite la poudre d'amandes, l'eau de fleur d'oranger et le beurre fondu.

3 Mélangez jusqu'à ce que la préparation soit homogène. Remplissez-en un moule à madeleines aux 3/4.

4 Enfournez et laissez cuire 15 minutes. Retirez du four, laissez tiédir 3 minutes et dégagez les madeleines des alvéoles.

5 Dégustez les madeleines encore tièdes, mais elles sont toujours délicieuses froides !

Index des ingrédients

Julie cuisine avec...

... des produits de base (œufs, farine, sucre, lait...)

... ce qu'elle a dans ses placards (épices, conserves, riz, pommes de terre, fruits secs...)

... ce qu'elle a au frigo ou au congélo

... des restes

Les recettes présentées dans ce livre sont extraites
du programme « Julie cuisine », produit par J.A. Productions.

Retrouvez toute l'actualité de Julie Andrieu sur le site
www.julieandrieu.com

PRODUCTION ÉDITORIALE ET RÉDACTION :
Estelle Cerutti
Catherine Bonifassi

RÉALISATION :

CASSI EDITION

Sabrina Regoui, Julie Bordes

CRÉDITS PHOTOGRAPHIQUES :
Photos de l'émission « Julie cuisine » : Paul Abel
Photo de couverture : Denis Rouvre
Photos recettes : Nicolas Louis
Shopping : S. Mangin, Galerie Kanaga
Merci à 107 Rivoli, Astier de Villatte, Constance d'Hauteville, Déjeuner sur l'herbe, Eva Baz'art,
Guy Degrenne, Iskandar, Jars, Jeanine Cros, Kim et Garo, Mariages Frères, Monde Oribé, Muji,
Nussha Japanwear, Philippe Deshoulières, Revol, Rösle, Staub, Totally Bamboo, Les Touristes, Zero One One.

Photogravure : L.C.
Achevé d'imprimer en France par l'imprimerie Pollina
N° d'impression : L 46012
N° d'édition : 25832
Dépôt légal : mars 2008
ISBN : 978-2-226-16967-9

Julie cuisine

avec 3 fois rien